WILLKOMMEN!

DIESES BUCH GEHÖRT:

Alles begann mit einer kleinen, gelben Zelle und über Millionen von Jahren entstanden daraus die Minions.

Jeder Minion ist anders, aber alle haben dasselbe Ziel – einen neuen verachtenswerten Meister zu finden, dem sie dienen können. Doch die Geschichte der Minions lehrt uns, dass es einfach ist, einen Meister zu finden. Aber ihn zu halten ist viel schwieriger!

In diesem Buch erfährst du alles über die lange Reise der Minions. Gleichzeitig kannst du ganz viele Infos von dir eintragen, zum Beispiel, was du besonders magst oder Geheimnisse.

ALLES ÜBER MICH!

Diese Seite gehört ganz allein **DIR!**

ICH HEISSE ______________________

MEIN GEBURTSTAG ______________________

ICH BIN ______________________ alt

MEIN GEBURTSORT ______________________

MEINE HAARFARBE ______________________

MEINE AUGENFARBE ______________________

MEINE GRÖSSE ______________________

MEINE SCHUHGRÖSSE ______________________

MEIN LIEBLINGSOBST (außer Banane natürlich)

____

MEIN TRAUMBERUF ______________________

Hier kannst du dich selbst zeichnen:

ALLES ÜBER DIE MINIONS

Zeit, dein Wissen über die Minions aufzupolieren. Wie viel weißt du schon über sie?

WER SIND DIE MINIONS?

Die Minions sind ein Volk von liebenswerten, kleinen gelben Kreaturen, die zu Unfällen neigen. Sie lieben ihre Artgenossen und Bananen über alles, während sie dem größten und schlimmsten Schurken dienen, den sie nur finden konnten.

WIE SEHEN SIE AUS?

- **Sie sind gelb**
- **Sie glotzen**
- **Sie haben ein oder zwei Augen**
- **Sie tragen super coole Outfits** *(abhängig von der jeweiligen Epoche, aber immer toll!)*

SIE MÖGEN:

Bananen, ihre Kameraden, böse Pläne, Unruhe stiften

WICHTIGE MINION-BEGRIFFE:

»Blumock«

»Bello!«

»Big Boss!«

TRIFFST DU JEMALS MINIONS ...

RICHTIG:

- **Gib ihnen eine Banane** *(gibt es eine schönere Geste, mit der man sich Freunde machen kann?)*
- **Mache etwas Lustiges**
- **Lache**
- **Achte auf die Brillen**

FALSCH:

- **Tritt niemals zwischen eine Banane und einen Minion**
- **Gerate bei einem bösen Plan nie in den Weg**
- **Denke ja nicht, sie wären alle gleich; jeder einzelne Minion ist besonders und einzigartig.**

ALLES ÜBER KEVIN!

Wenn du einen Plan brauchst oder einen engagierten Minion, dann ist Kevin genau der richtige.

NAMEN: Kevin, Kev-bo, Seventh Kevin, Sir Kevin

EIGENSCHAFTEN: stolz, schlau, Typ »großer Bruder«, kein großer Redner

BESTE MOMENTE:

Die Entdeckung der blauen Latzhosen für die Minions

Polo spielen und dabei auf einem Hund reiten

Scarlett Overkill finden

[Was sind deine persönlichen Kevin-Highlights?]

ER MAG NICHT:
Den Meister enttäuschen

ER MAG:
Auf seine Kumpel aufpassen, mit Bob und Stuart zusammen sein, Lavagewehre, Abenteuer, in Scarlets Flugzeug fliegen, Beute machen, Villain-Con, Polizeijagden

INITIATIVE ERGREIFEN

INITIATIVE ERGREIFEN

IMMER HINTERHER

Zeichne eine Reihe von Minions, die mit Kevin einen neuen Meister suchen.

ALLES ÜBER STUART!

Musiker, Liebhaber, hungrig. Das sind die drei Worte, die Stuart am besten beschreiben. Vielleicht findest du noch ein paar mehr ...

NAMEN: Stuart, Stu, Stu-art, Stu-perman,

EIGENSCHAFTEN: cool, musikalisch, immer hungrig

BESTE MOMENTE:

Bei Kevins Ansprache einpennen und zufällig bei der Mission aushelfen.

Sich in einen gelben Hydranten verlieben

Im Tanga in der Sauna

Abrocken vor Buckingham Palace

[Was sind deine persönlichen Stuart-Highlights?]

____

____

____

____

____

____

ER MAG: Auf seiner Ukulele spielen, heiße Bäder

ER MAG NICHT: Schneekugeln

ROCK AND ROLL

Zeichne Stuart, wie er auf der Bühne abrockt.

ALLES ÜBER BOB!

Bob ist der kleinste Minion. Doch die fehlende Körpergröße macht er mit einem großen Herz wieder wett.

NAMEN: Bob, Robert, Bobby, My Boy, »King Bob«

EIGENSCHAFTEN: hyperaktiv, niedlich und absolut liebenswert, »kleiner Bruder«

BESTE MOMENTE:

Wie er Tim tanzen lässt, als er nach seinen schurkischen Talenten gefragt wird.

Das Verschlucken des roten Rubins.

Als er das Schwert aus dem Felsbrocken herauszieht.

Seine Antrittsrede als König

[Was sind deine persönlichen Bob-Highlights?]

____

____

____

____

____

____

ER MAG: seinen Teddybären Tim, Kichern, neue Freunde

ER MAG NICHT: Bienen, allein sein

EIN PAAR VON BOBS LIEBLINGSSACHEN!

Zeichne oder male hier einige Dinge für Bob, die ihm gefallen könnten.

WIE WIRD MAN EIN MINION?

Zeit, den Minion in dir herauszulassen!

Um Minion zu sein, braucht es einiges mehr, als nur gelb zu sein. Hier gibt`s einige Tipps, die dir helfen, den Minion in dir herauszulassen.

Folge diesen Anweisungen, um den Minion in dir zu entdecken. Bananen sind Pflicht!

- **Als Minion brauchst du auf jeden Fall die Liebe zu Bananen. Sie sind gelb, süß und super lecker.**
- **Diene deinem Meister so gut du kannst.**
- **Entwickle neue Waffen und teste sie. Wenn du sie an deinen Meister übergibst, sollten sie funktionieren!**
- **Hab Spaß und sei ausgelassen: Gibt es etwas Besseres, als deinem Meister dabei zu helfen, so böse wie möglich zu sein? (Nein, die Antwort lautet nein!)**
- **Sei die/der Beste in allem, was du tust.**
- **Pflege deine Brille – schließlich musst du den Durchblick haben. Gerade, wenn du in einer Horde lebst, kannst du ständig über etwas stolpern.**
- **Haben wir schon Bananen erwähnt? Nun, man kann nicht häufig genug sagen, wie wichtig sie für die Minions sind.**
- **Wenn irgendwo Musik läuft – tanze!**
- **Sei immer und überall auf alles gefasst!**

MINIONS, MINIONS ÜBERALL!

**Minions kann es nie zu viele geben.
Wie viele kannst du auf dieser Doppelseite zählen?**

ES SIND _____ MINIONS.

WIE VIELE EINÄUGIGE MINIONS SIEHST DU?

Auf Seite 94 kannst du sehen, ob deine Antwort richtig war.

WELCHER MINION BIST DU?

Finde es heraus mit diesem Quiz!

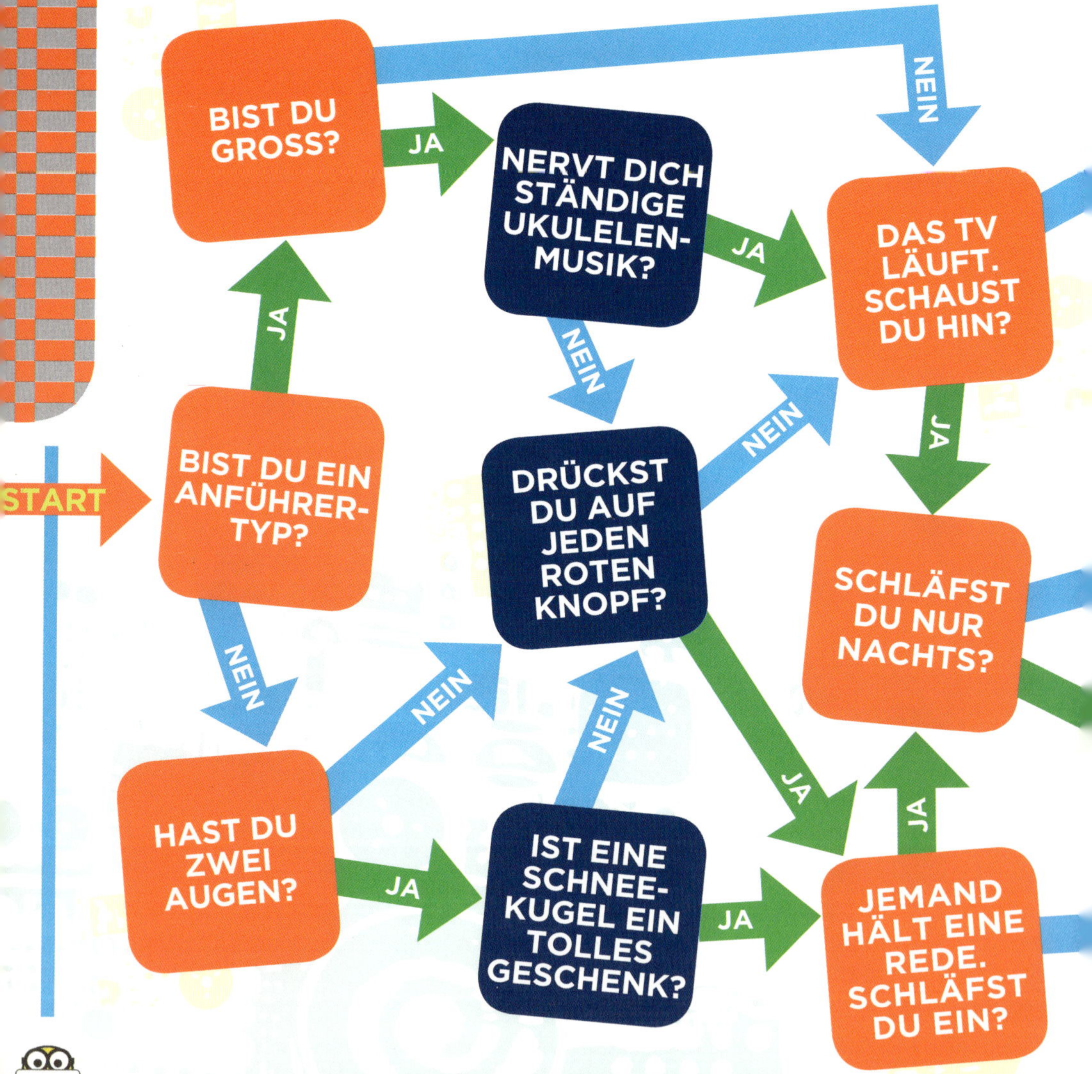

FINDEST DU BATIK-T-SHIRTS COOL?
NEIN
HAST DU IMMER DEN DURCHBLICK?
JA
KEVIN
NEIN
JA
NEIN
NEIN
WÄRST DU GERNE SÄNGER EINER BAND?
JA
MAGST DU UKULELEN?
JA
STUART
NEIN
NEIN
NEIN
JA
SINGST DU MIT, WENN DU EIN LIED HÖRST?
NEIN
JA
TRÄGST DU DEINEN TEDDY AM LIEBSTEN IN EINER DOSE?
NEIN
JA
BOB

BEST FRIENDS FOREVER!

Die Minions zanken sich öfters. Trotzdem sind sie richtig gute Freunde. Zeichne dich unten mit deinem besten Freund/deiner besten Freundin.

GERÄTE

Zum Minion-Dasein gehört es, den Meister mit Geräten für seine bösen Machenschaften zu versorgen. Hier einige Beispiele:

KNÜPPEL: Einfach. Effektiv. Das Urgerät! Vielleicht war es aber auch der Stock, der dann vergrößert wurde. Nachdem die Minions den Höhlenmenschen mit dem Knüppel bewaffnet hatten, wurde er zur bösen Macht.

FLIEGENKLATSCHE: Ein super Gerät, wenn dein Meister einen Krieg gegen Fliegen führt. Im Kampf gegen einen Bären ist sie allerdings nicht so hilfreich. Das Ergebnis ist NUR für den Bären lecker.

SCHWERT: Auch »Entermesser« in der Piratensprache. Gut zum Beherrschen der sieben Weltmeere, um Haie oder andere Feinden zu verjagen oder um Essen zu schneiden.

KANONE: Sie erzeugt ein beeindruckend lautes BUMM und kann anrückenden Feinden Kanonenkugeln entgegenschleudern. Pass auf, dass du sie nie auf deinen Meister richtest.

Welche Geräte würdest du deinem Meister geben?
ZEICHNE SIE UNTEN.

NAME: ______________________________

EINSATZ DES GERÄTS: ____________

HERB OVERKILL.
Es gab jemanden, der ein VERRÜCKTES Gerät erfunden hat. Blättere zu Seite 74, um mehr zu erfahren.

DER MINIONS-NAMENSGENERATOR

Für dich sind es alles Minions, aber jeder Minion hat einen eigenen Namen. Mit der Tabelle unten kannst du deinen Minion-Namen bestimmen.

Dein Menschenname lautet:______________________________

Schreib ihn rückwärts (nur zum Spaß!):______________________

In welchem Monat bist du geboren?________________________

Mit deinem Geburtsmonat kannst du nun unten deinen Namen als Minion herausfinden.

JANUAR	STUART	JULI	BRIAN
FEBRUAR	BOB	AUGUST	NORBERT
MÄRZ	KEVIN	SEPTEMBER	HENRY
APRIL	DAVE	OKTOBER	JERRY
MAI	MIKE	NOVEMBER	CARL
JUNI	CHRIS	DEZEMBER	TOM

Schreibe deinen Minion-Namen hier auf:

MEIN STAMMBAUM

Das Volk der Minions ist wie eine Familie, weil sie alle denselben DNA-Strang haben – genau wie du und deine Familie (ohne zu wissenschaftlich zu werden)! Fülle hier deinen Familienstammbaum aus:

Foto

GESCHWISTERNAME

NAME

Ein Foto von mir

Foto

GESCHWISTERNAME

GESCHWISTERNAME

Foto

DER NAME DER MUTTER MEINER MUTTER ______________________

Foto

DER NAME MEINER MUTTER

____

Foto

DER NAME DES VATERS MEINER MUTTER ______________________

Foto

DER NAME DER MUTTER MEINES VATERS ______________________

Foto

DER NAME MEINES VATERS

____

Foto

DER NAME DES VATERS MEINES VATERS ______________________

Epoche der Dinos FAKTEN

MEISTER: T. REX

Als die Minions ihrem Amphibien-Meister aus dem Wasser ans Land folgten, wurde ihr Meister von etwas noch größerem, noch böseren zerquetscht ... einem Tyrannosaurus Rex.

So fanden sie ihren neuen Meister!

FAKTEN

NAME: Tyrannosaurus Rex (das bedeutet »tyrannische Königsechse« – klingt böse, oder?)

EPOCHE: Späte Kreidezeit (Millionen Jahren – WOW, das ist echt lange her!)

WICHTIGSTE MERKMALE:

Angsteinflößendes Gebrüll

Lange, scharfe Zähne

Groß genug, um mindestens 20 Minions gleichzeitig zu tragen

BEWERTUNG: 6 von 10 Totenköpfen

LIEBLINGSERINNERUNG:

Wie die Minions den T. Rex als Meister verloren:

Die Verlockung von Bananen war einfach zu groß. Sie lagen unter einem Felsen. Der setzte sich in Bewegung – und beförderte den T. Rex geradewegs in einen Vulkan. Ups!

Dino-Details

Die Minions sind so verliebt in ihren Meister, dass sie ihm manchmal zu nahe kommen.

Finde die Detailaufnahmen in dem großen Bild.

1

2

3

4

WARNUNG!
WENN DU AN DEINEN GLIEDMASSEN HÄNGST *(und es auch so bleiben soll),* ***KOMME EINEM T. REX NIE ZU NAHE.***

5

6

Auf Seite 94 kannst du sehen, ob deine Antwort richtig war.

Ein Outfit aus Blättern

In der Vorzeit war vieles einfacher. Die Kleidung mussten sich die Minions allerdings aus dem machen, was sie so fanden.

Statte diese beiden Minions aus mit Dingen, die du im Garten findest. Verwende Kleber, um sie aufs Papier zu bringen.

DIE EPOCHE DER HÖHLENMENSCHEN
FAKTEN

MEISTER: HÖHLENMENSCH

Der Mensch unterschied sich sehr vom Dinosaurier. Er war kleiner, haariger und irgendwie schlauer. Die Minions mochten den Menschen sofort, auch wenn sie nun nicht mehr die schlauste Spezies waren ...

FAKTEN

NAME: Höhlenmensch

EPOCHE: vor 10.000 Jahren

WICHTIGSTE MERKMALE:

Lernfähig

Verwendung von Werkzeugen

Mutig (manchmal zu mutig)

BEWERTUNG: 8 von 10 Totenköpfen

LIEBLINGSERINNERUNG:

Wie die Minions den Höhlenmenschen verloren:

Die Minions lernten, dass wenn man seinen Meister mit einer Fliegenklatsche ausstattet, um mit einem Bären zu kämpfen, normalerweise der Bär gewinnt.

HÖHLENMALEREI

Der Höhlenmensch dekorierte gerne das Innere seiner Höhle mit Malereien.

Kannst du hier einige Höhlenzeichnungen hinkritzeln?

FINDE DEN UNTERSCHIED

In der Epoche der Cro-Minions lauerten jede Menge Gefahren. Vergleiche die beiden Bilder unten. Kannst du zehn Unterschiede ausmachen?

Auf Seite 94 kannst du sehen, ob deine Antwort richtig war.

ALTES ÄGYPTEN FAKTEN

MEISTER: DIE ALTEN ÄGYPTER

Die alten Ägypter waren sehr vielversprechend. Sie waren klug und liebten es, monumentale Bauwerke zu errichten. Was also konnte schiefgehen?

FAKTEN

NAME: Die alten Ägypter

EPOCHE: vor 5.000 Jahren

WICHTIGSTE MERKMALE:

Fantastische Baumeister

Die Pharaonen hielten sich für Götter

Coole Outfits

BEWERTUNG: 7 von 10 Totenköpfen

LIEBLINGSERINNERUNG:

Wie die Minions die alten Ägypter als ihre Meister verloren:

Hinweis für alle Minions: Stellt sicher, dass Baupläne immer, immer richtig herum hängen!

DIE ZERBROCHENE VASE

Die alten Ägypter liebten schöne Vasen. Leider gehen zerbrechliche Tongefäße, wenn sie auf Minions treffen, immer früher oder später kaputt. Kannst du die Bruchstücke wieder an ihren Platz legen und auf der nächsten Seite die Vase komplett rekonstruieren?

TM & © UNI
TM & © UNI
TM & © UNI
TM & © UNI
TM & © UNI
TM & © UNI
TM & © UNI
TM & © UNI
TM & © UNI
TM & © UNI
TM & © UNI
TM & © UNI
TM & © UNI
TM & © UNI
TM & © UNI
TM & © UNI
TM & © UNI
TM & © UNI
TM & © UNI
TM & © UNI
TM & © UNI

TM & © UNI
UNIQUE
minion invasion

I TRY
HARDER
TM & © UNI

TM & © UNI

TM & © UNI
UNIQUE

TM & © UNI

TM & © UNI

TM & © UNI
UNIQUE

TM & © UNI

TM & © UNI

TM & © UNI

TM & © UNI

TM & © UNI

TM & © UNI

TM & © UNI

TM & © UNI

TM & © UNI

TM & © UNI

TM & © UNI

TM & © UNI
LOVE

6

7

8

9

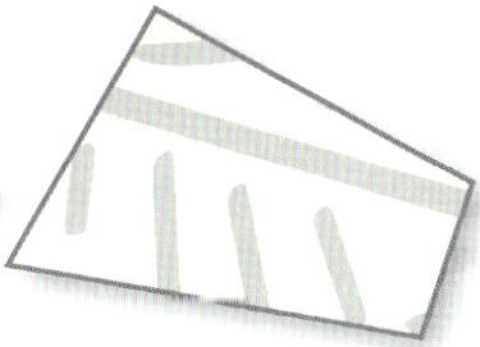

10

Auf Seite 94 kannst du sehen, ob deine Antwort richtig war.

ALTÄGYPTISCHER BAUPLAN

Der Pharao wünscht sich ein neues Gebäude – es soll das größte und tollste werden, das es je gab. Überlege, wie es aussehen könnte und zeichne es.

ZEIT DER PIRATEN FAKTEN

MEISTER: PIRATEN

Über die sieben Meere segeln, Schätze plündern und coole Lieder singen – die Minions waren sehr glücklich mit ihrem Piraten-Meister.

Fakten

NAMEN: Piraten

EPOCHE: vor 400 Jahren

WICHTIGSTE MERKMALE:

Klasse Kopfbedeckungen

Leben auf See

Viel Arbeit an Deck

BEWERTUNG:
5 von 10 Totenköpfen

Wie die Minions die Piraten als ihre Meister verloren:

Das Angeln eines klitzekleinen Fischchens ging leider daneben – das heißt, die Beute erwies sich als nicht so klein wie erhofft, und sie hatte eindeutig Haizähne.

FOLGE DER ANGELRUTE

Die Minions haben etwas an ihrer Angelrute hängen.

Folge der Angelrute, die von den Piraten-Minions ausgeht, um es herauszufinden.

Auf Seite 94 kannst du sehen, ob deine Antwort richtig war.

PIRATENSPRACHE

Das Gute an einem Piraten-Meister: du lernst wie ein Pirat zu sprechen.

Wie viele Wörter kannst du aus diesen Sätzen machen?

»BEI MEINEN WANKENDEN MASTEN«

____

____

____

»ÜBER DIE PLANKE GEHEN«

____

____

____

»STERNHAGELVOLL«

____

____

____

Nun nimm die Buchstaben der Worte und bilde neue Worte daraus.

ES LEBEN DIE MINIONS FAKTEN

MEISTER: NAPOLEON

Napoleon hatte tolle Eigenschaften: er war ein schlauer Feldherr und eroberte gerne. Doch dann, BUMM!

FAKTEN

NAME: Napoleon Bonaparte

EPOCHE: vor 200 Jahren

WICHTIGSTE MERKMALE:

Guter Blickkontakt

Große Armee

Große Pläne, andere Länder zu überfallen

BEWERTUNG: 9 von 10 Totenköpfen

Wie die Minions Napoleon als ihren Meister verloren:

Wenn man klein ist, klettert man gerne auf etwas hinauf. Merke: Dieses *etwas* sollte niemals eine Kanone sein, die hinter deinem Meister steht ...!

KÄSTCHENSPIEL

Kämpfen macht Spaß – manchmal zumindest. Aber es gibt lange Wartezeiten. Zum Glück kannten die Minions damals schon dieses Spiel:

Spielregeln:

- Zeichnet abwechselnd eine Linie zwischen zwei nebeneinanderliegenden Punkten. Der Spieler, der mit der vierten Linie ein Quadrat vervollständigt, gewinnt das Quadrat und kennzeichnet es mit dem Anfangsbuchstaben seines Namens. Dann setzt er die nächste Linie.
- Sobald alle Quadrate vollständig sind, hat der Spieler gewonnen, der die meisten Quadrate erobert hat. Er ist der größte Minion des Tages!

BUMM – UH, OH!

Die französische Armee war nicht sehr nett zu den Minions nach dem Verlust von Napoleon. Sie jagte die Minions bis zur eisigen Öde der Polarkappen.

Führe die Minions durch das Labyrinth zu ihrer schützenden Eishöhle.

START

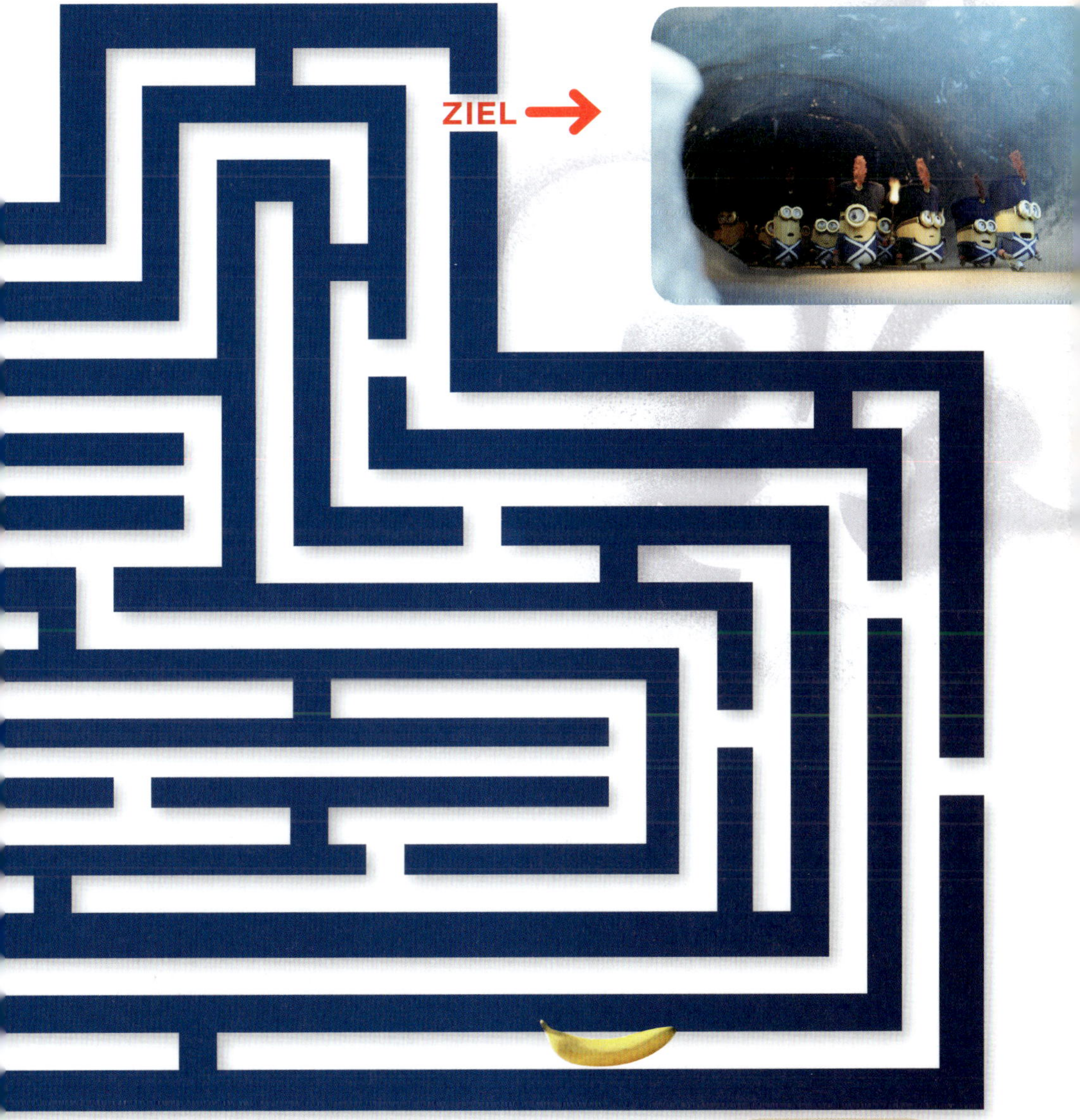

Auf Seite 94 kannst du sehen, ob deine Antwort richtig war.

EISHÖHLE FAKTEN

Die Minions finden Schutz in einer Eishöhle. Damit beginnt eine eigene Minions-Zivilisation.

Als die Minions die Höhle entdeckten, waren sie begeistert. Sie bauten Schneehäuser, aßen Eis, machten Schneeball-schlachten und gründeten ihren eigenen Chor!

Aber bald fehlte den Minions ihre Bestimmung. Sie begannen, sich zu langweilen. Sie mussten einen neuen Meister finden!

Eines Tages fasste ein Minion namens Kevin den Plan, in die Welt hinauszuziehen, um einen neuen Meister zu finden. Hilfe bekam er von Stuart (der mal wieder schlief, und nichts mitbekam) und von Bob (weil er so begeistert war, aber hauptsächlich, weil es keine anderen Freiwilligen gab).

SIE MACHTEN SICH AUF,
EINEN NEUEN MEISTER ZU FINDEN!

EISSPION

In der Eishöhle der Minions wollten die langen Wintertage einfach nicht vorübergehen.

Kannst du zehn Unterschiede zwischen den beiden Bildern finden? Das sollte dir beim Zeitvertreib helfen.

WITZ:

Warum sollte man auf dem Eis keine Witze machen?

Weil es vor Lachen zusammenbrechen könnte.

Auf Seite 95 kannst du sehen, ob deine Antwort richtig war.

VILLAIN-CON FAKTEN

Hier ist so viel los, das ist fast kriminell:

- **BESUCHE GASTVORTRÄGE VON ANGESEHENEN SCHURKEN.**
- **KNÜPFE KONTAKTE ZUR UNTERWELT!**
- **LERNE DEIN KRIMINELLES GESCHÄFT.**
- **TESTE DIE NEUESTEN SCHURKEN-TECHNOLOGIEN.**
- **TREFFE DEINE IDOLE UND FINDEN DEINEN TRAUMJOB.**
- Und zum ersten Mal **JEMALS** hat die Superschurkin **SCARLET OVERKILL** ihren großen Auftritt.

HAST DU, WAS DU BRAUCHST?

FINDE ES HERAUS!

Experten werden während des gesamten Kongresses anwesend sein, um wichtige Tipps zum Entwickeln deiner schurkischen Talente zu geben.

SPRICH MIT EINEM PROFI, UM DIE NÄCHSTE STUFE DEINER KRIMINELLEN KARRIERE ZU ERKLIMMEN!

TRAMPEN NACH VILLAIN-CON

Hilf Kevin, Stuart und Bob nach Villain-Con zu kommen. Dank des Codes kannst du die Adresse herausfinden, zu der die drei fahren müssen.

A	B	C	D	E	F	G	H	I	J	K	L

M	N	O	P	Q	R	S	T	U	V	W	X

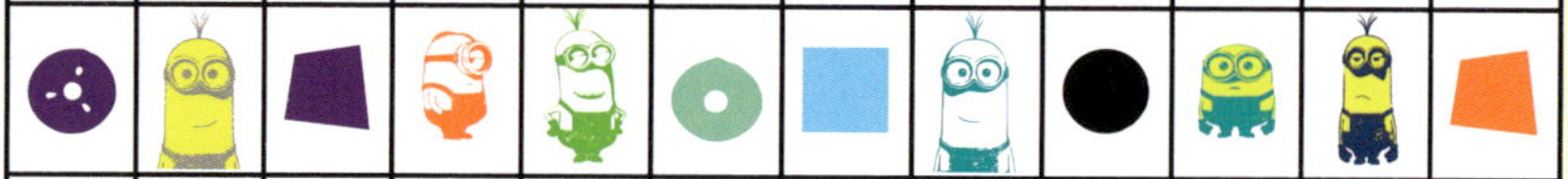

Y	Z	0	1	2	3	4	5	6	7	8	9

___ ___ ___   ___ ___ ___ ___ ___ ___   ___ ___ ___ ___ ___

___ ___ ___ ___ ___ ___   ___ ___ ___ ___ ___ ___ ___

___ ___ ___ ___ ___ ___ ___

Nun weißt du die Adresse. Schreibe den Ortsnamen auf das Schild, damit die drei trampen können.

Auf Seite 95 kannst du sehen, ob deine Antwort richtig war.

SCARLET OVERKILL FAKTEN

Macht Platz, Männer. Ein neuer Bösewicht ist in der Stadt. Und dieser Bösewicht ... ist eine Frau.

FAKTEN

NAME: Scarlet Overkill

AUSSEHEN: Makelloses Styling! Bienenkorbfrisur der 1960-er Jahre, rotes Kleid, lange schwarze Handschuhe

SIE LIEBT: Rubine, Herb, ihre Beutesammlung, die Königliche Englische Familie (besonders ihre Juwelen)

SIE HASST: Wenn ihre Handlanger scheitern oder sie betrügen.

BÖSESTER MOMENT: Sturz des englischen Throns

IHR LIEBLINGSSATZ

»IST ES NICHT EIN GUTES GEFÜHL, BÖSE ZU SEIN?«

HERB OVERKILL FAKTEN

Er ist ein Supergenie, Erfinder und der Mann von Scarlet Overkill. Er ist cool, total hip und verrückt (verliebt in Scarlet)!

FAKTEN

NAME: Herb Overkill

AUSSEHEN: Coole Haare, cooler Anzug, er ist einfach nur cool.

ER LIEBT: Scarlet, Erfindungen, Geräte, Suppe, Romantik, Explosionen.

LUSTIGSTER/BÖSESTER MOMENT: Selfies mit alten Foltergeräten knipsen.

SEIN LIEBLINGS-SATZ

»ICH WAR ES, HERB, DIE GANZE ZEIT!«

»ES IST UNGLAUBLICH, ABER GLAUB ES EINFACH!«

SCHNULZIGE LIEBESBRIEFE

Scarlet Overkill hat einen schmierigen, schwärmerischen Liebesbrief bekommen (iiiih!).

Findest du die Indizien, um den heimlichen Verehrer zu erraten?

Du wirst immer meine Königin sein

In Liebe,
dein geheimer Verehrer

xXx

HINWEISE:

1. ER IST EINE COOLE KATZE UND EIN GENIALER ERFINDER.
2. ER BESITZT EIN GEHEIMLABOR, IN DEM ER NEUE BÖSE GERÄTE ERFINDET.
3. IM INNERN SEINES HERZENS IST ER EIN ALTER ROMANTIKER.
4. ER TRÄGT EINEN TODSCHICKEN, BLAUEN ANZUG.

Scarlets geheimer Verehrer ist:

____

____

Auf Seite 95 kannst du sehen, ob deine Antwort richtig war.

GROSSER AUFTRITT IN VILLAIN-CON

Villain-Con ist ein toller Ort, aber wenn zu überwältigt bist, verpasst du die BESTEN Sachen.

Plane unten deinen Tag in Villain-Con.

WILLKOMMEN IN VILLAIN-CON 1968

Seit 89 Jahren der größte Fachkongress für Superschurken weltweit.

Organisiert durch Villain Network-Channel - **»Wenn du uns verpfeifst, kriegen wir dich!«**

545 Orange Grove Avenue
Orlando
Florida

HAST DU, WAS DU BRAUCHST? FINDE ES HERAUS!

Experten werden während der gesamten Konferenz anwesend sein, um wichtige Tipps zum Entwickeln deiner schurkischen Talente zu geben. Sprich mit einem Profi, um die nächste Stufe deiner kriminellen Karriere zu erklimmen!

Köstliche warme Brezeln!

Auch Schurken müssen mal essen ... komm zu uns in die Hafturlaubsbar.

Hier ist so viel los, das ist fast kriminell:

- Besuche Gastvorträge von angesehenen Schurken.
- Knüpfe Kontakte zur Unterwelt!
- Lerne dein kriminelles Geschäft.
- Teste die neuesten Schurken-Technologien.
- Treffe deine Idole und finden deinen Traumjob.
- Und zum ersten Mal JEMALS hat die Superschurkin SCARLET OVERKILL ihren Auftritt.

Außerdem exclusiv in Villain-Con:

Tresorknackerstand
Hier lernst du, wie du Safes schnell und ohne viel Aufwand knacken kannst. Klick, klick, offen – so einfach ist es!

Henchmen Placement Specialist
Seit über 60 Jahren vermitteln wir die besten Handlanger der Branche. Selbst wenn du eine Echse bist, vermitteln wir dir den Traumjob.

Eisstrahlerbude
Dr. Nefario zeigt, wie man mit seiner neuesten Erfindung, dem Eisstrahl, ein echt cooler Krimineller wird.

Sick Rick
Hol dir dein Exemplar von Sick Ricks »Wie man in 10 Tagen ein Bösewicht wird«.

Villain-Con – Spaß ohne Ende - das ist kriminell!

FOTOGRAFIEREN VERBOTEN

Fotos deiner kriminellen Idole kannst du bei einem der offiziellen Fotografen von Villain-Con kaufen.

GESTALTE DIR DEINE EIGENE MINION-ARMEE

Jeder Superschurke braucht eine Armee Minions. Hast du schon einmal darüber nachgedacht, eine eigene zu besitzen? Nur ein kleines bisschen – klar hast du schon!

Nun, sie brauchen Uniformen, Minions **LIEBEN** ja tolle Outfits. Entwerfe sie unten.

Hier sind einige Outfit-Beispiele:

SCHMEISS EINE MINIONS-PARTY!

Die Minions sind super im Party machen! Hier geben sie dir ein paar Tipps!

DEKORATION

- **MACHE ALLES IN GELB** (mit ein wenig blau natürlich)
- **KAUFE EIN PAAR WACKEL-AUGEN** in einem Bastelladen und kleb sie auf die Trinkbecher deiner Gäste

ESSEN UND TRINKEN

- **BANANENKUCHEN**
- **BANANEN**
- **ANANASSAFT (SCHÖN GELB!)**
- **CUPCAKES**

PARTYSPIELE

DEN MINIONS AUGEN VERPASSEN

- Zeichne einen Minion ohne Brille auf ein großes Papier und auf ein weiteres Blatt einige Minion-Brillen. Male sie bunt. Bitte einen Erwachsenen, sie dir auszuschneiden. Dann gib etwas Kleber auf die Rückseite der Brillen.
- Jeder Spieler bekommt die Augen verbunden und wird fünfmal im Kreis gedreht. Dann muss jeder versuchen, eine Brille auf die richtige Stelle auf dem gezeichneten Minion zu kleben. Derjenige, der am nächsten dran ist, hat gewonnen!

GESTALTE FÜR JEDEN DEINER GÄSTE EINE ANDERE BRILLE AUS PAPPE!

PARTY

BANANA-FAKTEN

Die Minions lieben Bananen, aber wie viel weißt du eigentlich über diese leckere gelbe Frucht?

Hier gibt's was zu lernen:

- **Bananen wachsen schon seit einer Million Jahre auf der Erde** *(fast so lange, wie die Minons auf der Erde sind!)*
- **Bananen wachsen nicht auf Bäumen, sondern an großen Stauden.**
- **Im Bund zeigen die Bananen mit der Spitze nach oben – schräg, oder?**
- **Historiker glauben, dass die Banane die erste Frucht war, die Menschen angebaut haben** *(von wem diese Idee wohl kam ...!)*

- **Bananen gehören zur Familie der Beeren. Echt wahr! Aber halt dich fest: Erdbeeren sind dafür keine Beeren.**
- **Bananen sind leicht radioaktiv, was sie zur perfekten schurkischen Frucht macht!** *(Nur ganz wenig – sie zu essen macht aus dir keinen Superhelden, leider.)*
- **Bananen enthalten viele gute Inhaltsstoffe, die dich aufmuntern – das ist das Geheimnis der Minions und ihrer guten Laune!**
- **Ein Bund Bananen wird auch Hand genannt, eine einzelne ist ein Finger.**

MEINE LIEBLINGSSACHEN

Schreib unten so schnell wie du kannst deine Lieblingssachen auf – dabei wird herauskommen, was du wirklich denkst.

FARBE

____

ZAHL

____

TIER

____

JAHRESZEIT

____

HOBBY

____

BESTE(R) FREUND(IN)

____

LIED

____

BUCH

GERUCH

GETRÄNK

ESSEN

MUSIKGRUPPE

BLUME

SPIEL

MINION

MEINE GRÖSSTEN GEHEIMNISSE

Jeder hat Geheimnisse. Kleine, große, gute, böse.

Trage hier deine allergeheimsten Geheimnisse ein. Dann bringst du unsichtbares Klebeband an den Seiten an, und keiner wird deine geheimen Seiten jemals entdecken.

MEIN GRÖSSTES GEHEIMNIS:

MEIN GEHEIMER WUNSCH:

WAS ICH HEIMLICH MAG:

MEIN GEHEIMER TRAUM FÜR DIE ZUKUNFT:

DIESER PERSON VERTRAUE ICH ALLES AN:

MEIN TAGEBUCH

Auf diesen Seiten kannst du aufschreiben, was du heute alles erlebt hast. Kein Ereignis ist zu klein oder zu groß, um es zu beschreiben. Also, leg los!

MEIN TAGEBUCH

WENN DU ETWAS WIRKLICH GEHEIMES AUFSCHREIBEN MÖCHTEST, DENK DIR DOCH EINE GEHEIMSCHRIFT AUS!

ES IST ZEIT FÜR ANTWORTEN

SEITE 23

Es gibt 30 Minions.
Es gibt 10 mit einem Auge.

SEITEN 36-37

SEITEN 44-45

SEITEN 48-49

SEITEN 62-63

SEITEN 54-55